Original title: „Poesje Mauw";
Illustrations by Mies van Hout;
© 2014 Illustrations Lemniscaat b.v., Rotterdam

Alle Rechte der deutschsprachigen Ausgabe:
© 2015 aracari verlag ag, Zürich, Switzerland; www.aracari.ch
1. Auflage 2016

„Hallo", sagt die Katz' – traditionelle und moderne Kinderlieder für Groß und Klein
Illustrationen: Mies van Hout; Texte / Kompositionen: Christian Schenker;
Arrangements: Rolf Mosele, Markus Fischer, Christian Schenker
ISBN: 978-3-905945-57-7

Lektorat: Maria Werner; Herstellung: STUDIO-Basel.ch; Litho: Bildpunktag.ch;
Druck: Tien Wah Press

Aufnahmen und Mix: Rolf Mosele at Roufiboufi's; Mastering: Dan Suter im Echochamber;
Fotos: Patrick Lüthy, Imagopress

Die Deutsche Nationalbibliothek verzeichnet diese Publikation in der Deutschen
Nationalbibliografie; detaillierte bibliografische Daten sind im Internet
abrufbar über http://dnb.ddb.de.

 Finde uns auf Facebook unter http://www.facebook.com/aracariverlag

Traditionelle und moderne Kinderlieder
für Groß und Klein

"Hallo", sagt die Katz'

Idee und Illustrationen von Mies van Hout
mit Texten und Kompositionen von Christian Schenker

aracariverlag

Alle meine Entchen

schwimmen auf dem See,

schwimmen auf dem See,

Köpfchen in das Wasser,

Schwänzchen in die Höh'.

Da liegt ein

Fisch auf meinem Teller,

und der zappelt immer schneller.

Er sagt: „Ich bin eine Forelle,
und ich kam nur auf die Schnelle,
aber jetzt muss ich weiter, ich bin Reiseleiter."

Der Elefant

ist sehr entspannt,
Hektik ist ihm unbekannt.
Er saß tagelang am Strand,
und er fand allerhand im Sand.

Ich bin ein Frosch – quak quak.

Und ich bin stolz darauf.

Ich bin ein Frosch – quak quak.

Ich blase meine Backen auf.

Ich bin ein Frosch – quak quak.

Schön grün und laut.

Ich bin ein Frosch – quak quak.

Ich such' mir eine Braut.

Ich bin ein Frosch

– quak quak.

Tausendfüßler

haben viel zu tun,

Tausendfüßler können niemals ruh'n.

Tausendfüßler haben viel zu tun, mit ihren Schuh'n.

Bruder Jakob,

Bruder Jakob!

Schläfst du noch? Schläfst du noch?

Hörst du nicht die Glocken,

hörst du nicht die Glocken?

Bimm, bamm, bumm,

bimm, bamm, bumm!

Hopp, hopp, hopp,

Pferdchen lauf Galopp!

Über Stock und über Steine,
 aber brich dir nicht die Beine!
Hopp, hopp, hopp, hopp, hopp
 Pferdchen lauf Galopp!

„Hallo", sagt die Katz',

„Heut' hab' ich keine Lust auf Spatz."

„Na dann Tschüß!", sagt die Maus,

„Dann geh' ich mal schön nach Haus."

Brüderchen,

komm, tanz mit mir,

beide Hände reich' ich dir,

einmal hin, einmal her,

rundherum, das ist nicht schwer.

Alle Vögel sind schon da,

alle Vögel, alle!
Welch ein Singen, Musizieren,
Pfeifen, Zwitschern, Tirilieren!
Frühling will nun einmaschier'n,
kommt mit Sang und Schalle.

Wenn die Eule heult,

dann ist es spät.

Wenn die Eule heult und der Mond aufgeht.

Wenn die Eule heult, ist der Tag vorbei.

Wenn die Eule heult, dann schlaf ich ein.

Bleibe wach – schlaf noch nicht ein.
Ich bring dir viel

über Schafe bei.

Hey, bleib noch wach – schlaf nicht ein.
Ich bring dir viel über Schafe bei.